검은 땅을 꿈꾸다

박정규 시인은
1960년 경남 남해에서 태어났다.
2003년 계간 ≪리토피아≫를 통해 등단했으며,
리토피아문학회원으로 활동하고 있다.
농협 상무를 역임했으며,
(주)아름산업, (주)초원환경 상무이사이다.
시집으로 『탈춤 추는 사람들』이 있다.

리토피아포에지 · 14
검은 땅을 꿈꾸다

인쇄 2011. 11. 5 발행 2011. 11. 10
지은이 박정규 펴낸이 정기옥
펴낸곳 리토피아
출판등록 2006. 6. 15. 제2006-12호
주소 402-013 인천 남구 숭의3동 120-1
전화 032-883-5356 전송032-891-5356
홈페이지 www.litopia21.com 전자우편 litopia@hanmail.net

ISBN-978-89-6412-021-7 03810

값 9,000원

박정규 시집

검은 땅을 꿈꾸다

리토피아
LITERATURE & UTOPIA

자서

구름 흐르듯 내 나이 이 만큼 흘러왔습니다. 또, 홀홀히 흘러가고 있습니다. 마디마디 멍 자국도 햇살도 스며들어 세상살이 제법 영글었다고 딴엔 대견하게 여겨질 때도 있습니다. 하지만, 갈수록 시 쓰기가 두렵고 겁나는 것이 나이의 흐름과는 비례하지 않나봅니다. 오솔길로 낙엽이 우수수 떨어져 쌓여갑니다. 우주와 자연의 섭리에 순종하는 것이 진리이듯 만물은 싹이 돋고, 줄기가 나고, 잎이 푸르고, 꽃이 피고, 열매를 맺습니다. 다행스럽게도 어느 시절, 몇 해 동안 수많은 사색을 할 수 있었던 것도 모두에게 고맙습니다. 아직도 흘러갈 길이 멀다는 것도 압니다. 마디마디 굵어지고 맑아지며 구름처럼 흩어지겠죠? 하루하루 열심히 굵어지고 맑아지며 세상 모든 걸 사랑하면서 흩어지겠습니다. 졸작을 8여년 만에 또 세상에 내 놓기가 부끄럽지만, 줄기가 나고 잎이 돋아 푸르러지는 과정으로 생각하고 곱게 봐주시기 바랍니다. 졸자를 세상에 놓고 燈皮처럼 감싸주는 모든 이웃들과 가족들과 리토피아에 깊이 감사드립니다.

2011년 가을

박정규

차례

제1부 그믐밤

제2부 지천명

제3부 동행

제4부 추모누리

| 제1부 |

그믐밤

칠전팔기

언제나 외길이었다.

들꽃이 화창하게 웃을 때에도,
들꽃이 숨죽인 밤길에도,
바람의 목줄을 끊기 위해
바람이 태어난 곳을 찾아,
눈물은 모조리 쏟아버렸다.

열 길 땅속을 파헤쳤다.
열 길 허공에 옹벽을 쳤다.

무소불위,
언제 어디서나 불어왔다.

바람에게 死鬪의
도전장을 신청 중이다.

그믐밤

그믐밤 배달된 하루치 생명이
낮에는 팔다리를 자르고 밤에는 가슴을 잘라,
뒤척이며 토해낸 살비듬을 훔치면서
얕은 강에서도 찢어지는 잉어 떼를 접수한다.
전설처럼 울던 바람도 소쩍새 울음소리에
희망의 부레를 뽑아 육질에 약을 바르고,
흙빛 밤으로 기록되는 역사에 순종한 어둠은
질감만큼이나 화질 좋은 가면은 없을 것이고.
우듬지에 독기 오른 악어 이빨에도
눈물샘에는 용서가 있는 것이리라.
억새풀 흔드는 공동묘비에
자음과 모음이 엇박자로 흩어지는 기록처럼,
날아가는 새의 겨드랑이에 비상하는 바람처럼,
어쩌면 산등성이에 곤두박질하는 노을처럼,
아린 밤 우둑 떨어지던 자투리 같은 눈물이
제자리를 찾아 오를 때,
퍼즐 같은 안성맞춤의 새벽이 어둠을 깨운다.

모정 · 2

너무 아리다는 가슴을
밤새 보채다가,
새벽이 일어나기 전
허둥지둥 차가운 날품을 간다.

간밤 핸드폰을 울린 아들놈은
또, 얼마나
단칸방 도시를 보채고 있을까.

무능한 하루가
미이라처럼 시리다.

陸橋는 도시의 밤을 스크랩하고 있는 중이다

도로 위 황금빛 줄무늬 속도가 도시의 심장에 거미줄을 치고,

한낮의 내력들이 갈증을 몰고 제각각 숨바꼭질하는 시간

환하게 그리워지는 삶의 동그라미들이 현기증을 달고 파문한다.

不正, 不淨, 不貞, 不政, 不定…… 빛의 파장으로

점령군 마냥 도시의 밤은 희희비비 오래 전 잃어버린 별을 찾아,

수 천 수 만의 롱—숏과 만루— 홈런으로 밤의 바다에 미끼를 놓았다.

正, 淨, 貞, 政, 定…… 소리의 파장으로

찌그러진 간판들이 매달린 육교의 등골에서

미끼로 보채 올린 배설물들의 무늬가 하루를 새면

어스름 같은 새벽,

별똥별 닮은 여명 하나 달력에서 솟아나고.

용문사* 에서

풍경소리 잠든 절간 마당
바람이 석등 앞에서 參禪을 한다.
동자승은 까치발로 그늘에 매달리고,
대웅전 부처님 좌선한 머리 위에
몽글몽글 땀방울이 솟아난다.

覺海를 향한 저— 미소.

폭풍우를 내장처럼 휘감고
摩何 선적으로 좌초 중인
절간 마당 모래알 같은,
대웅전 돌계단 이끼 같은,
해우소에 쌓인 퇴적물 같은,

覺悟 향한 간절한 기도.

* 龍門寺 : 경남 남해 이동면 소재.

한가위

뙤약볕이 물컹물컹 밟히던 한 여름.
태양초 같이 붉게 타오르며
그리움을 탱탱하게 익힌 대추나무.
할아버지 장대돌이에 맞아
마당 위로 우두둑 뛰어내리고.
바람이 황금들판에서 파도타기를 할 때,
고추잠자리 파란 허공에서 자맥질하고
감나무에 달린 홍시 탱고춤을 춥니다.

소 울음소리 처량하던 할머니 등골 같은 집.
비 개인 오후 안개처럼 피어나는 흙냄새.
도시의 디자인은 호롱불에 타들어가고
갈증을 따라 돌아온 歸鄕의 식솔들
따끈따끈한 입맛이 집안을 가득 채웁니다.

퉁퉁 불은 집사람 젖꽃판 같은 보름달이

계수나무를 두레박으로 퍼올리는 밤
손자들의 요요문자들이 왁자하게 일어나고,
굽은 어머니 오곡백과 그리움을 담아
가족들의 마음을 비빔밥으로 만듭니다.

UFO

찐득찐득한 찰떡 반죽이었소.
냄비에 담아갔을 때
이쑤시개로 이빨의 잔똥을 파고 있더이다.
마루 밑 똥개가 군침을 눈물처럼 왈그락 쏟아놓는데
시어머니 눈썹 같은 달개비꽃잎이 뚝뚝 떨어집디다.
쪼그라진 냄비는 밥통이다가, 베게이다가, 세숫대야이다가,
울음통이 눈물통이 되다가 개밥통이 되는 것이고,
바람은 언제 불어도 바람이라는 이름을 달고 불었지요.
사방팔방에서 남산타워를 볼 수는 있겠으나,
빌딩숲과 개밥통은 어깨동무가 아닌 것처럼
절지동물은 마디마디 울렁울렁거려야만
내장이 꼬이지 않는 법이오.
변비에 걸려 마려운 듯 아닌 듯한 그것처럼
걸어 건널 수도 멈출 수도 없는 것이 개밥통이고,
눈을 뜨지도 감지도 못하는 것은 눈이 없는 까닭이고,

머리통이 무겁다고 귀찮다고 내려놓으면 개밥통이고,
개밥통도 모가지에 올려놓으면 언제든 머리통이 되는 것이고,
가장자리 살얼음이 강물이거나 얼음덩어리이거나는
오로지 바람의 메아리에 실린 개밥통의 질량이고,
고추잠자리의 날개가 흔들리지 않고
고추밭에 앉는 것도 고추라는 이름 때문이라는 것을,
산은 물이요 물은 산이라고 사유하는 것도 개밥통인 것이오.
미확인 주파수로 도청한 찰떡 반죽 들어보겠소?

외할아버지 제삿날

가는 곳이 그리 멀지 않다, 하시면서……

어린 나에게 아버지가
술에 젖은 채로 고사리 손 꼭 잡고
다도해 섬들 같은 봉분이 우우
누워 있는 공동묘지를
휘파람 불어대며 건너던 겨울밤
백년쯤 울면서 외가 가던 길.

다섯 고개를 넘어 외가에 절인 가을밤
귀뚜라미 찌르라기 풀잎 갉는 소리에
굵은 목숨은 눈물 젖어 가는데,
묘지에 누워 휘파람을 불면서
아버지는 제삿날을 기억하고 계실까.

가는 길이 그리 멀지 않았는데

모기 목숨처럼 위태로운 여름밤,
외할아버지 아버지 모셔 놓고
휘파람 울어대는 묘비에서
백 년쯤 털고 싶은 그리움의 무게.

눈이 내리는 날에는

눈이 내리는 날에는
커피잔에서도 눈물이 나더이다.
아득하게 멀어진 그대의 한 장뿐인 사진이 붉어집디다.

사랑하는 그대여,
꿈속에서도 보이지 않던 그대여,
천상에서 보낸 선물이 소복이 쌓이는 날에는,
그대의 미소가 한없이 그리워지는 날에는,
그대의 가슴으로 가고 싶은 날에는,
하늘이 하얗게 가슴을 적시는 날에는,
오늘 같은 날에는,
한 줄기 바람으로 떠나고 싶습니다.

사랑하는 그대여,
가슴속에 방울방울 적셔 놓고
그 이슬 깨기 전에 떠나간 그대여.

부서지는 파도처럼 하얀 그대여,
눈이 내리는 날에는,
되돌아오는 나를 억제할 수 없는 날에는,
이제 그만,
그대 향한 사랑을 천상으로 날려주고 싶습니다.
강을 건너며 사랑을 지우며
눈이 내리는 날에는,
홀로 그 날을 걷습니다.

오늘 같은 날에는.

어머니 · 1

움막 같은 토담부엌 옥수수 덧니처럼
숭숭 뚫린 문짝으로
하얀 연기 살랑살랑 피어오르고
부뚜막에 걸린 무쇠 솥뚜껑
칙칙 폭폭 달린다.
머릿수건, 군침소리 자욱한 꽃 피우고
고슴도치 같이 총총한 청솔개비
뿜어내는 연기에 눈물 줄줄 흘리신다.
토닥이는 부지깽이 잔불 속에는
올망졸망 햇고구마 웃음 서넛 앉아
함께 등교하고 하교길엔 뱃속에서 잠꼬대 할
도시락 대용의 탐스런 친구들이다
어둠 깔린 마당에는
아침 햇살 알싸하게 쏟아지고
어머니,
한창 아침상을 차리고 있는 중이다.

고운 어머니,

그렇게 자식들의 유년을 시작하였다.

살과 뼈를 살라

아침마다 부뚜막에 밥상을 만드시던 어머니,

지금은 老松의 자장개비처럼

앙상히 헐어버린 모습으로,

"애미야, 맘마 줘!"

자식들의 유년과 맞바꾸고 있다.

눈물 줄줄 흐른다, 청솔개비.

어머니 · 2

연통에서 피어오르던 으스름 냄새.
"밥 묵어라."
호야등불 같은 초롱초롱한 허기.
"마이 묵어라."
호박 같은 배 쓰다듬으며,
"배 부르제."

유시酉時의 끄트머리 쯤,
등 허리춤에서
두 손으로 만지작거리는
밀가루 반죽 같은 말랑한 소리.

아— 그리운 목소리
노을 속으로 타들어가네.

아내

장맛비가 욱신욱신 오르내린다.
주말연속극이 끝나고, 애국가도 끝나고,
TV도 지쳐서 지지지지 코골이를 하고,
개구리소리만 초롱초롱 밝아오는 한밤
앓아누운 내게 눈웃음을 치는 여자.

산란 닭 사료포대 줄 듯 곪아가는 허벅지가
텅 빈 소라껍질처럼 속살 다 퍼다 받친 생,
관절 무릎 왼발을 새우등처럼 펴고
마늘을 먹고 기도하는 웅녀라도 되는 듯,
처진 눈꺼풀로 마늘을 까고 있는 여자.

아침이면 마늘스킨 향을 온몸에 풍기며
새벽 저잣거리의 딴따라가 되어
"맛 좋고 때깔 좋은 자연산 깐 마늘 있어요."
소리치는, 인생행로에 교통표지판 같은
봄날 도다리쑥국 같은 얼큰한 여자.

7월이 오면

스킨 샴푸 냄새나는 7월이 오면
머리카락 휘날리며 찰랑한 환상의 땀 냄새가 온다.
깊은 바다 구름을 신고 출렁이며
환각처럼 찾아든 그녀,
세월의 부피가 쌓여갈수록 파도 냄새 푸르기만 한 사진 속
삶은 망각을 바람처럼 몰고 와 돌부처가 되었고,
머리카락 하얗게 슬픈 추억만이 앙상한 개펄 위
파도 포말 같은 피부가 눈물처럼 밀려올 때,
세월의 껍질이 훤히 내려다보이는 벼랑 위에서
수 만 번 날고 싶었던 슬픈 날개는
장대비 쏟아지던 어느 날 먼지처럼 날아 빌딩 숲에 들었다.
푸른 가슴 아린 멍울로 골방 안개 속에서
밤에 피는 꽃향기만 고집하던 계절,
서로의 눈동자 속에 피지 못할 꽃만 그렸듯
환청 같은 여인의 숨소리
호야등 등피 되어 마음속을 밝힌다.

구름의 아들

비바람에 온 生이 손사래처럼 흔들리고,
고추나무 발자국에 하늘이 난도질당하고,
가지나무 걸음 폭이 三生을 들락거린,
검은 신발짝이 위태롭게 호명당한 의식 전,
세상에 태어나던 호박꽃의 부고가
허공 위 어지러이 죽음처럼 흐른다.
커피에 길들여진 강아지처럼
어미의 굳은 부리로 만든 둥지에서,
뼈와 살을 쏟아 깨어난 어린 참새가
그려놓은 상형문자에는
정신 나간 의식들이 식도를 타고 스멀스멀
기어오르던 지난밤 악몽만이 직직거린다.
삶이 아리다고 온밤 비바람이 몰아치던
꿈속에는,
젊은 날 분홍색시 어머니가
반환점을 돌아 사산한
홍건한 발자국이 구름처럼 흐른다.

고양이

야옹!
죽음의 금기에서 부는 살생부,
바람마저 옹벽에 마빡을 깨뜨리고
쓰러진 시간이 어스름 번진다.
여우비 속에서
사지가 튕겨진 도로 위의 주검,
똬리처럼 피어난 붉은 슬픔은
生의 껍질들.
검은고양이 촉눈처럼 휘어진
논두렁에 굽은 늙은 농부의 달팽이관,
노을의 타는 곡哭소리,
어린조카 생일날 촛불 끄듯
후— 부는 미풍에도
난자 되는 사지,
아— 위태롭다. 야옹!
生의 상처들.

처녀 봄

주름 치는 바다
한 됫박 햇살이 쏟아져
밥풀의 낱알처럼
흐드러지게 끓어오른다.
하늘을 가출한
벌거숭이 구름이
바다와 몸을 섞은
낯 뜨거운 소문에
버짐처럼 붉어지는 대지.
누가 밀어 올렸을까.
지구의 치맛자락
남쪽바다 깊숙한 음부에서
보푸라기 살랑이는
눈부신 오르가즘,
청춘이 덫에 걸려
열병처럼 번진다.

고화古畵

빗자루 살 같은 빗줄기 죽죽 내리는 속
한 마리 암탉, 제 온기 미지근히 데운
비릿한 꽃대봉 풀풀 마당에 날리고요.
가족 이룬 병아리들은 튀는 물방울만 쪼고 있는데요.
열린 장지문 속 할머니 장죽 끝에는
시퍼런 말씀이 솟고요.
새벽 울음 사라진 집안에는
부엌문짝이 위태롭게 걸려있고요.
청상과부 좀들이쌀 도가지 빗방울 소리만 긁고 있는데요.
초가삼간 돌담 돌아 화폭 속 오솔길 밖은
어디쯤이었을까요?
빛바랜 사립문 앞 어린 장두감나무
겨울바람처럼 훌쩍 세월 넘어 많이도 커서요,
손의자 앙볼 받쳐 우러러 보는데요.
하늘에 오른 고화 속 아버지는
화폭 위에서 아직껏 비질을 하고 계시는지,
쓸리는 눈망울은 언제나 젖어있네요.

| 제2부 |

지천명

모정 · 1

철책선에서
군사우편이란
언 눈송이 푸드득 푸드득.

밤새 내리는 눈물과 지새며
사진 속 어린 비둘기에
눈이 멀었다.

지천명

여보게, 사랑이 외출했다고
서러워 말게, 늙어간다는 것은
붉은 청춘이 타다 만 자리를
재떨이에 채우는 꽁초 같은 것이라네.

면도날이 구레나룻 꼬리를 지나다가
반짝, 사과처럼 베이던 순간
맨살 드러낸 조금 시 밀물처럼
그토록 가슴 졸이던 홍분을 싣고 온 적
언제였던가?

저 산 바위는 입을 열지 않았는데
가만 있지 못하는 조바심이
소드래처럼 피어나고,
함박눈이 추억으로 내리는 밤이면
심혈관 소리는 침묵한다네.

젊은 구름은 석양에 불타
어스름 산이 되고
그대의 슬픔이 전이된 등성이
아, 이 얼마나 아름다운 아픔인가?
끓는 메기탕처럼 얼큰한 속
차리소!

핸드폰

서울에 있는 큰놈이
간만에 핸드폰에 안부를 물어왔다.
마무리가
신사임당 지폐 열댓 장을 청구하는
요로결석이었다.
나쁜 자식, 애인에게는 하루가 멀다 하고
핸드폰을 하면서.

뜻밖에도 부산에 사는 동창 녀석이
잊을 만큼 되자 핸드폰을 했다.
직장 동료들과 남해 금산으로
주말 산행을 왔단다.
이곳 으뜸 맛거리 갈치회가 먹고 싶다고,
나쁜 자식, 매번 동창회 때에도
오지 않던 녀석이.

밤새 자꾸 갈치회가 밟혀 요양원에 계시는
어머니께 가뭄 같은 핸드폰을 했다.
무탈하게 잘 있다고 걱정일랑 버리란다.
아버지도 잘 계시는지 또 물어온다.
세상에 부재중인 아버지를
나쁜 자식,
꼭 그 만큼의 핸드폰으로.

눈 내리는 밤

나이테는
불혹을 경유한지 오래.
천상북풍으로
어머니가 하얀 미소를 소복이 싸안고
오는 밤.

예닐곱 나이테
달갑게 안아주던 비릿한 온기.
내 세상에 가득 담아
맑은 눈망울 초록별처럼 빛났던,

겨울이 올 때마다
나이테를 겹겹이 쌓아
모난 세상 휘둘리며 울부짖던,

어머니 소복 같은 하얀 눈이 오면,

눈물이 발자국을 비틀거려 뒷걸음질 하고파
어둠 속에서 눈꽃 피우는
보름달 같은 가로등이 되고픈,

어머니가 소복이 싸오신 미소로
지천명을 향한
한 겹은
미완성으로 남기고 싶은 밤.

미리내* 폐차장

쇠망치 용접기 압착기소리 뒤섞인 미리내 폐차장에서는요,
녹슨 고철 같은 검은 피부의 외국인 노동자들이
어슴푸레한 저녁 쿠데타처럼 움푹한 눈으로 火葬을 하고,
한 생을 질주한 주검들을 정성스레 재단하고 있는데요.
진흙탕 길을 질퍽거리기도 하고,
혹한의 설원에 미끄러지기도 하고,
중심을 잃고 차도를 이탈하기도 했던,
오직 속도만을 강요당하며 생을 질주했던 슬픈 역사들이
使者들의 혼에 실려 편안히 기록되고 있는데요.
압착된 폐차들을 무덤 같은 유골보관함에 차곡차곡 쌓아
마른 오징어 묶음처럼 봉인한 주인들의 묘비에는,
밤마다 무수한 별들이 내려와 은하수 너머로 건너가고
별이 되지 못한 묘지에는 견인차가 달려와 施主도 하고요
영면을 위한 자장가도 불러주는데요
지금은, 밤하늘 모든 영혼들이 음복잔에 은하수를 담는,

미리내 폐차장에서는 외국인 노동자들이
담배를 나눠 피우며,
서로의 이마에 맺힌 별들을 닦아주는 시간.

* 은하수의 제주도 방언.

메타세쿼이아

바람이 쌓인 파란 하늘
빗살무늬 쏟아지는 산책로
가을의 흔적들이 몸부림을 칩니다.
사랑이라는 이름으로 춤추던 낙엽이
세파에 겨워 투신하는 중입니다.

바람은 하늘보다 높은 곳에서 찾아오고
낙엽은 땅보다 깊은 곳으로 사라집니다.
바람과 낙엽의 갈림길에서
무서리에 눌린 이정표가
그대와 나를 부릅니다.

그림자와 둘이 석양에 앉아
한 잔 술과 한 자락 추억으로
가을을 태우는 산책로,
메타세쿼이아 휘날리는 낙엽처럼
하염없이 그대에게.

닭도리탕

끼니마다 졸음처럼
가난 위에서 휘청거리시던 어머니
봄날 뙤약볕 가지처럼 검은 얼굴이
병아리들의 모이가 되었던 울안에
아버지의 주정이 사립문 밖으로 날아다니고,
책보자기 마당에서 울음을 터뜨릴 때마다
아낙들 수군거림은 볼우물 가득 찼고
이웃 순이네 담벼락은 자꾸만 낮아졌다.
할머니 주름살 같은 골목길을 버리고
큰 누나 도회로 야반도주 하던 밤,
어머니의 흐느낌은 먼동을 깨웠다.
색 바랜 어머니가 아침상에 올린 씨암탉
병아리들의 일생 포식으로 남은 사진
가슴속에서 천연색으로 인화 되어
지천명 아내와 맛보는 닭도리탕,
붉어지는 눈자위 속에서
어머니가 눈물 꽃으로 피어오른다.

시월

시월이,

천상의 바람을 타고 와 처녀 치맛자락을 하얗게 들어 올립니다.

살랑살랑 마음을 꼬드깁니다.

젖은 가슴을 황금들판으로 출렁거립니다.

아랫도리를 울긋불긋 물들입니다.

첫사랑을 불러옵니다.

시월은,

밤마다 이부자릴 뒤척이게 합니다.

미명에 솟아나는 목마름입니다.

어디론가 떠나기를 갈망합니다.

파란 하늘처럼 맑은 기다림으로

터벅걸음은 낙엽의 등을 밟고

가을을 내려놓을 모양입니다.

탈들의 세상놀음

짙은 침묵이 흐르는 토끼반도 탈공화국 안동시 풍천면 하회동 서낭당 당제 놀음장, 주류인 경인계 양주별산대놀이 신할애비탈이 으쓱 침묵을 깬다. 반값 등록금으로 포장한 검은 쩐을 봉산탈춤놀이 행사로 마련하자고 제안하자, 북학파 봉산탈춤계 소매탈이 붉으락푸르락 헝클어지는 춤사위로 코너링을 한다. 먹을 강냉이도 없는 집구석에 무시기 행사를 벌리라고 씨부렁거려 간나새끼. 그러자 같은 학파 북청사자놀이계 김가네의 적통 사자탈이 으르렁거리며 거든다. 야이, 남학파 간나새끼들아. 확! 뜨거운 보온병 포탄 맛 씨리 재 보고프서 까불어샀습메. 뒤지지 안카모 씨리 찍소리들 말라우야. 영남파 비주류 아류계 동래 말뚝이탈, 쉿! 알았어요. 조용조용해요. 지금 중요한 건 반값 등록금이 아니고요, 먹는 물 문제예요. 남강 물 제발 좀 같이 나눠 먹읍시다. 영남파 오광대계 통영할미탈 왈, 정 묵고 싶으모, 우리 다 묵고 남은 물이고, 계파고 주류든 비주류든 우리는 모르것고, 중요한 건 혁신도시를 이쪽이 갖는 것이오. 호남파 영광농악계 잡색놀음대포수 탈이 싸게 일어나서 마이크를 뺏으며 왈, 당신네들 시방 뻘소리 잉가이 해부러. 당장 닥친 여수해양엑스포를 어떻게 겉으로만 찰랑거릴 수 있을 것인지, 잔 데그빡들을 굴려야 할 판에 여직도 거시기한 지역 발언이랑께. 모두들 탈속에 숨겨둔 비자금 주머니들 챙겨서 호남파로 모아 달랑께로. 어떤 놈처럼 이십구 만원 밖에 없다는 뻔헌 탈 같은 거짓갈 허지들 말고, 호남파로 몰표를 허벌나게 갔다 주모 쓰것당께. 자자, 내 말 좀 들어보시래요. 나는 영동파 강릉관노가면극계 말 그대로 가면탈이래요. 우리 탈 세계에서 보면 여러분들의 말씀이 다 옳고 맞아요. 그나저나 요번에 평창동계올림픽을 가지고 왔는데요. 이게 빛좋은 개살구지 쩐 나부랭이가 있어야 펴든지 접든지 할 것인데, 4대강이 다 묵어 불고 쩐이 없으이 이십구 만원도 좋으니 탈춤 공갈 사기 덩실덩실 춰서 민초들의 전답 전부 거둬 영동파로 모아 주시래요. 왕초 하회별신굿계 양반탈 왈, 아무튼 우리 탈들은 신라 때부터 가문탈 덕으로 지금껏 안으로는 당쟁 당파 없이 우리끼리 잘 먹고 잘 지내왔으니, 탈 세상을 자손탈에까지 되물림 하려면 겉으로는 서로 싸우는 척만 하고 어떤 일이 있어도 반드시 절대로 탈은 벗지 말고 서로 챙길 것만 다 챙깁시다. 괜히 탈속이 탈이라도 나서 빛이라도 새는 날에는 천지가 개벽하고 우리 모두는 능지처참을 당하니 각별히 조심합시다. 라고 말하며 종료를 선언하자, 같은 하회별신굿계 백정광대탈이 긴급히 아부 발언대에 올라서는 목이 터져라 외칩니다. 왕초 양반탈님의 말씀이 백번 옳습니다. 자, 모두 비밀각서 제출하고 신명나게 탈놀음이나 한바탕 벌립시다. 우리 탈들만의 천만세를 위하여!

큰 이모

분쇄기의 울음은 단 세 번뿐이었다.
숙련된 장묘장이 손끝에서 생은 한지에 곱게 재단되었다.
永樂亭 오르는 돌계단 속 이끼들은 발자국을 선명하게 도려내고,
떨어지는 발자국을 따라 외할머니의 마중길이 열린다.
한없이 웃으시는 영정 밖으로 어머니의 흐느낌이 시려오고,
바둑알처럼 모여든 피붙이의 짙은 울음들은
환생의 필름으로 인화되어 징검다리가 된다.
산천은 더위에 비틀거리고 끊어진 시간을 잇느라 분주한
육각정자 안에는 제물과 촛불과 향이 있다.
잠시 삶을 흙에 굽힌 흑백은 머리를 조아리고
구겨진 생을 재단하기 시작했다.
永樂院 광장으로
한 무리 봉황새 날아올라 태양을 탱탱하게 끌어 내리고,
땅거미가 밀물처럼 계곡을 끌어올려 향을 사르니
일흔 일곱의 웃음은 편안히 외할머니 곁에 들었다.

해맞이

장작머리 노총각
동지섣달 불끈 솟아오른
새벽힘줄처럼 홑이불이 탄다.
누렁이 방울 닮은 동그라미
덩더—쿵 덩더—쿵
훠이 훠이 휘이잉—

기억의 모서리가
다섯 난쟁이 강강술래 속으로
횃불 밝히며 주마등을 펼친다.
수제비 파장 같은 징검다리 놓이고,
비단벌레 혼을 뽑아 장신구를 두른
광야를 질주해온 아버지.

수평선 오르는 방석에서
하늘이가 솜이불을 태우고,

반짝반짝 깨어나는 파도 위에
강진만이 소리춤을 추는데,
덩더—쿵 덩더—쿵
휘이 휘이 휘이잉—

말발굽 위에 홀로 서기.

봄

일백을 열사흘 채우지 못하고 세상과 이별한
머리 위로 하얀 눈 수북히 쌓아
백발이 되셨다는 할머니가,
하늘땅 같은 밭에 동지섣달 혼을 심어
생을 마감하며 남긴 유품인 것이다.

동토의 바람이 들락거리던 브레지어 속에서
모세혈관의 싹이 움트며 감지된 설렘으로
하늘의 먹구름이 계절의 울타리를 넘어
그 점령지를 떠난 자리에서 솟아나는 초유인 것이다.

투병하던 어머니 환부를 도려내어
속살이 돋아나듯, 고통과 슬픔의 긴긴 시간을
사랑으로 이겨낸 기다림이 안겨주는 해후인 것이다.

봄은,

남녘 어느 무명시인의 치맛자락 속으로 오는
신생아의 첫 울음소리다.

쥐똥고추

"희한하게 고추가 빳빳하게 하늘을 보고 섰네, 이 집은 신혼이네."
옆집 수영이네가 초복을 한아름 안고 텃밭을 지나며 하는 말에
집사람의 검은 얼굴이 선홍으로 물든다.

쥐똥만한 작은 체구로 동남아 어느 나라에서 씨알에 숨을 죽이고,
산 넘고 바다 건너 이민 왔다는 그가 햇살을 바꾸고 물을 바꾸어,
이 땅에 작은 고추가 맵다는 속설만 믿고 터줏대감이 되었단다.

이파리마다에 지구촌이니 세계화니 다문화니 다먹거리를 달고,
혼혈이 된 그가 하늘을 탱탱하게 당기고 있는 힘은

미국산 쇠고기와 수입농산물로 밑거름을 하였기 때문
이다.

우리의 터주신, 성주신, 조왕신들은 텃밭의 이랑과 고랑
사이에서
지구의를 탓하며 삼복이 지나가기만을 기다리는 사이
이웃 김씨 아저씨의 어깻죽지가 와르르 무너진다.

분이 씨

소한과 대한을 가로질러 결석 없이 쪼그려 앉은 밭에
파랗게 얼은 시금치를 왕성한 식욕으로 쪼아먹는 여장부.
허기진 가계 채우느라 칼바람에 수 백 번 잘린 몽당발
이 손을
부들부들 움켜쥐고 고랑과 고랑 사이를 꿰매
모피코트를 만들고 있는 이랑에 바람이 운다.
비닐하우스 위로 쓰러진 햇살이 꺾여
엉덩이에 꽂힌 해거름
굽은 허리 곧추 세우고 심호흡하는 분이 씨 입술에서,

요번 설날에는, 바리바리 제물 챙겨 모피코트 걸치고
부리신, 성주신, 조왕신, 주당신, 굴왕신……
집안 신들 모두 불러
대판 잔치 한마당 벌여볼 참이란다.

곁두리

굵은 주름골 사이로
붉은 손마디 사이로
이랑과 고랑 사이로
씨앗은 일어난다.

봄, 여름
가을, 겨울
바람은 또 진다.

아!
능선과 구름
삶과 무덤
물 한 모금
땀 한 방울

인생은 사이ㅅ.

마리의 죽음

아침밥은 출근할 때 꼭 챙겨 주는데요.
그 때마다 꼬리를 괘종시계 불알처럼 흔들다 못해
마치 훌라후프처럼 빙글빙글 돌린답니다.
아, 그러던 마리가 아침 밥그릇을 멀리하고
동그란 눈에 눈물이 고이는데 출근길이 무거웠습니다.
오후 나절, 부음 같은 전화가 왔습니다.
"여보, 마리가 이상해요. 빨리 집에 와보세요."
십삼 년 우리들의 인연은 그렇게 쉽게
갑작스런 임종으로 끝나야 했습니다.
이별의 눈물인 줄도 눈치 못 차린 내가
마리는 또 얼마나 측은했을까요.
텃밭 석류나무 밑 양지바른 곳을 골라 삽질하는데,
꼬리 흔들 정도의 설된 인연인 줄 알았던 아내가
잠자듯 곱게 누워 있는 마리의 목에 걸린
방울 같은 눈물을 연신 쏟아냅니다.
꼬리를 빙글빙글 돌리며 꽉 찬 사랑을 자랑해왔던 나는

그저 담담합니다. 경상도 사내 아니랄까봐,
'별일 없었나? 밥 묵자. 고마 자자.'
세 마디로 하루 같은 삼백육십오일,
삼백육십오일 같은 삼십년을 함께한 부부의 깡마른 이력이
내 담담한 삽질 속에서 울컥 속울음이 되어 나옵니다.
마리야, 네 엄마 눈물 많이 받아가서
여기 곱게 잠들어라. 그래서 컹컹 웃던 네 목소리처럼
제발, 내 살가운 말문이나 좀 터주면 안 되겠니?

검은 땅을 꿈꾸다

바람과 귀와 고막이 한 점으로 굳은 몽돌과 구름과 눈과 망막이 깨진 물결이 팽팽하게 당기는 바다 위에서 유리로 만든 의사봉이 파열음을 일으키는 구더기 공화국. 만 년 전에 일어났던 폭풍이 사타구니 안에서 만 년 후를 꿈꾸며 잉태하였다면, 지금 뒷간에서 라일락숲 향기를 마시며 자라는 구더기들의 통실한 배꼽에서 조상의 계보가 인쇄되어 만 년 후에 배달될 것이므로, 페타이어들이 철길 위를 질주하여 낮별들과 부딪히는 끔찍한 사망사고의 스키드마크 위에서도 계보의 눈빛들은 터진 석류알 같은 이빨을 벌렁거리며 장님은 별을 볼 수 없다는 판결을 내리고 있겠다. 왕벌들이 言을 달고 벌통 안 言의 내장을 꺼내어 껌처럼 씹어대는 질겅거림이 밀물처럼 밀려와 뼈다귀로 쌓인 무덤들을 잉태하기로 예정된 일벌들도 있겠다. 젖통이 딱따구리 둥지처럼 움푹 파인 젊은 여인의 미라 밑 축축한 숲에서 학을 세긴 동전들이 날아올라 벌금고지서에 다닥다닥 붙어서 재정을 불린 공화국. 구더기들의 정당이 만 년 후에 내리는 소낙비가 식은땀이 아니라는 안도를 좌변기에 앉아 빨면서 한 모금의 담배연기와 교환하고 있겠다.

| 제3부 |

동행

물구나무를 서고 싶을 때가 있다

세상 속으로 머리를 묻고 하늘을 향하여
바른손 왼손 다 뻗어 잎을 매달고 꽃을 피우고,
열매를 맺어 어김없이 세상 속으로 되돌리는
저어 무심한 자명목이여!
당신을 나의 신으로 모시기 위해
그대 가까이 다가가 대가리를 처박나이다.
무거운 세상 이고 서니 하늘이 티끌처럼 가볍고,
밤새 뒤척이던 머리 하얗게 자라나
하늘이 무심한 것이 아니라 땅이 무심하다는 것을
깨닫는 순간, 읍소오!
두 발 들어 거시기를 받치오니
무거운 이 몸을 부디 용서하소서.

메기매운탕

어머니가 하얀 구름을 풀어 만든 수제비가
하늘에서 놀던 날,
한동안 부재중이었던 도회 친구가 찾아왔다.
붙박이 친구를 불러 셋이 앉은 참맛실비 귀퉁이,

고춧가루를 듬뿍 뒤집어쓴 늙은 메기 한 마리
제 몸에 박힌 칼날에 베어 선혈이 낭자하다.
김치, 고추, 간장…… 호위병을 여럿 거느렸지만
부글거리는 뚝배기는 퇴각 직전의 혈압이다.

젓가락으로 메기의 목을 조르던 친구가
"엇, 시원하다"를 연발하자
메기는 고향의 여름 골짜기를 생각하며
바위틈 푸른 물의 눈동자로 살아난다.

독 오른 빌딩 숲에 꺾여 찾아온 고향,

부글거리는 시원함을 맛보며
바람난 아내, 죽은 경제, 무능력을 안주로
빈 소주병과 친구의 눈두덩은 비례하고
통화음은 자꾸만 세상 밖으로 연결된다.

실비집 밤은 가스레인지 불빛처럼 익어가고
시간은 속살 드러낸 상처가 되어
마른 눈물자국으로 우정을 되새기고,
지천명 눈물은 마침내
가을 전어의 꽉 찬 알이 된다.

뒤돌아보기는 너무 쉽다

낮에 비친 수은등에
샛바람
갈바람
마파람
높바람
징검돌 건너서,

지리산 문수골 석불처럼
햇살도 퇴화한 老松의 귓불에도,
섬진강 물 위에도,
……

둥근달은 찰랑이네.

자화상

병원 복도에서
오랫동안 잊었던
친구를 만났다.
서로가 손인사를 했지만
도무지 이름이 떠오르지 않았다.
긴 세월 힘겹게 건너온 탓인지
마른 고추 같은 얼굴이
가을 이슬처럼 서려있었다.
잡은 손 얼결에 놓고
내려오는 엘리베이터 안,
작은 거울 속에
마른 대추 같은 얼굴
하나가
한겨울 서릿발처럼
서려있지 않은가.

한 잔의 술

한 잔의 술로
한 잔의 외로움과
한 잔의 그리움과
한 잔의 고독과
한 잔의 슬픔과
한 잔의 눈물과
한 잔의 사랑으로,

이 홉들이 나뒹구는 실내마차
북두칠성처럼 눈 시린 가을밤
추억 아린 건반을 따라
한 잔, 두 잔…… 북극성을 향해
억새풀 휘날리는 바람에 앉아
방울방울 눈물 맺을 그대에게,

한 잔의 술로

한 잔의 외로움에
한 잔의 그리움에
한 잔의 고독에
한 잔의 슬픔에
한 잔의 눈물에
한 잔의 사랑으로,

오! 밤을 헤는 그대여,
닿을 듯 닿을 듯.

동창회

구월 햇살에 오일장이 서던 날

사십 년 하늘을 설렘으로 가득 채운 잔디밭에

동무들이 노고지리 재자알잘 굿판을 벌렸습니다.

뜀박질 잘하던 동무는 C컵 브래지어가 되어 뒤뚱뒤뚱 가을운동회를 하고,

손풍금에 울리던 교가처럼 도우미에 맞춰 뽑아내는 목청으로

동창회가 덩실덩실 서로를 부둥켜안았습니다.

그리운 순간들이 낱낱의 기억을 풀고 몇 점 구름으로 노을을 입을 때까지

우리는 내일의 추억을 한 주먹씩 나누어 가졌습니다.

처녀 콧수염을 안고 세상의 가지를 찾아 떠났던 졸업식장에서도,

망망대해 쌍끌이 속에서도,

국수가락처럼 수직으로 내린 또 하나의 이별 앞에서

동창회는 핸드폰 매너모드처럼 떨려오는 서로의 손을

잡고서야

한 두릅의 錢魚와 몇 낱의 아쉬움을 삼키며 달팽이의 더듬이가 되어

물수제비 파장처럼 굿판을 빠져나왔습니다.

만남과 이별이 동승한 귀향에는 그리움을 숨긴 차창 밖 눈빛들이

희나리 꽃불이 되어 밤하늘 환히 박혀있었습니다.

세상을 놓아보면

잠자리에 들어 눈을 감고 가만히 생각해보면
눈 안에서 도량道場극장 스크린이 펼쳐진다.
그 영화 속에는 이 세상과 저 세상이 함께 살아간다.
사랑하는 모든 사람들이 출연한 영상 속에
맛있는 향내가 지긋한 미소로 번진다.

할아버지 긴 수염은 새털구름처럼 휘날리고
젊은 날 엄한 아버님은 인자하게 웃고 계시고
할머니의 뽀얀 피부는 밝게 앉아 계신다.
어머니의 늙음도 어느새 젊게 피어오르고
아, 이 얼마나 평온한 족보族譜인가.

잠자리에 들어 세상을 놓고 가만히 생각해보면
여름날 바닷가에 피서 온 듯 시원한 바람이 온다.
물장구치는 형제자매가 마치 구름 위 선녀 같아
모래성 소꿉놀이 자식들은 어쩜 저렇게 고울까.

아, 이 얼마나 아름다운 가계家系인가.

한번쯤 눈을 감고 세상을 놓아버리는 연습을 하자.
마음의 바다가 잔잔히 펼쳐지는 위에 종이학을 띄워보자.
어머니의 양수 속에서 헤엄치던 그 시절로 돌아가
놓아버린 작은 세상을 품에 안으면
아, 이 얼마나 뿌듯한 인생人生인가.

잠자리에 들어 가만히 눈을 감고,

잠자리에 들어 세상을 놓아보면.

휴지통

화장실에 앉아 볼일을 볼 때마다,
변기의 몸통이 용트림을 할 때마다,
잡식성동물의 내장이 꿈틀거릴 때마다,
깨끗이 뒤처리를 할 때
너의 배는 불러온다.

비우고 나면,
두루마리화장지가 바람에 춤을 추듯
가벼이 가벼이 날아오르는 것이
그렇다, 너의 전생은 가장 낮은 곳에 앉아
가장 짙은 찌꺼기들을 먹고 싸고
사계절 윤회를 이루는 것이다.

화장실에 앉아 볼일을 볼 때마다
사람아, 배부르고 고픈 것에 길든
가장 낮은 곳에서 머물 줄도 알고,

가끔씩은 깨끗이 비울 줄도 알아
티끌처럼 가벼이 날아보는 것이다.

어쩌면 사랑은 먼 산 풀잎 위에 앉아

바람은 이제 갈 곳을 잃고
미아의 끄트머리처럼 먼 산 풀잎 위에 앉아
굽은 철길을 추억으로 달려갔으리.
너무 많은 꿈을 지어 부르던 음반은
이제 홀홀히 떠다니는 구름 위의 적막
개골산 몽돌처럼 맑게 흐르던
네 희망의 씨앗이 사랑이었으니,
청춘의 돌탑을 흔적으로 지운다.
명주나비 앉았던 매화꽃 체온이
질투의 상처를 미미하게 바르고
처마 밑 말간 새앙쥐 실핏줄로
새벽까지 되돌아온 바람이
열병처럼 앓아오던 자전自轉이었으니,
어쩌면 사랑은 먼 산 풀잎 위에 앉아
저 산 모가지에 노니는 구름처럼.

쇠똥구리

날마다 방앗간을 지나치지 못하고 출근도장을 찍는 고주망태 양말을 벗기며,
이제 몸을 생각해서라도 가끔씩 결근을 해도 당신이 조금씩 보태겠다는 마누라,
밤새 꿈결처럼 귓바퀴에 맴돌아 뒤통수가 뻐근하다.
타는 목 물병 찾아 헤매는 새벽,
곁에 있어야 할 마누라 대신
머리맡에 갈아 놓은 파프리카 컵이 붉게 흔들린다.
티 없이 맑고 고왔던 그녀가 애 둘에 고주망태 합이 셋을 키우다보니 돌처럼 굳어 삼십 년 수도한 生佛이 되었다.
새벽부터 밤늦게까지 쉬지 않고 하는 일은
식구에게 온갖 궂은일을 도맡은 쇠똥구리,
어머니처럼 굽어가는 생을 바라보니 걸어온 길이 붉다.
오늘도 나는 똥으로 시를 쓴다.
기필코, 방앗간을 지나쳐야지.
공염불만 외치는 땡중의 시를 쓴다.

아버지의 선물

일흔다섯의 어머니께서 골마지를 걸러낸 간장종지를 정화수井華水 마냥 안고 옥상 계단을 내려오시다가 굴러 허리를 다치셨습니다. 큰골 논에 손모를 반쯤 심고 논두렁에서 새참을 하는데 임종도 못한 부음이 왔었다고. 사십 년째 청상과부 어머니가 집 앞 긴 배미 논 모내기를 끝내고, 백설기처럼 정갈히 몸 다듬고 하늘의 별을 세다가, 개구리 울음소리를 세다가, 밤톨 같은 달이 북쪽으로 기울자 간장독을 찾아 옥상에 올랐다가 생겨난 일입니다.

제사상 귀퉁이에 누에 허리처럼 기대 앉아 향불이 멎을 때까지 끙끙거리시며, 정성 가득 담지 않고 당신을 맞는다고, 저 양반 젯밥 드시러 오면서까지 얄궂은 선물을 가지고 오신다고, 하지만 자석들 손지들 다 건강히 돌봐주시니 당신이야 어떻든 늘 감사하다고, 자식보다 더 젊은 아버지 영정을 만지십니다.

열린 창틈으로 소 두엄냄새 한 자락 후— 불어와 촛불이 딸랑거립니다. 자장개비가 되어버린 어머니의 사무친 그리움이 촛불에 가 닿을 때쯤, 큰절 올리는 3남 2녀 자식들의 귓불이 제사상에 오른 사과를 닮아갑니다.

구두를 닦으며

이른 아침, 모처럼의 나들이 위해 구두를 닦는다.
일 억만 년 전 아프리카 중생대 백악기 사르코수쿠스*
자손의
질기디 질긴 생의 껍질을 침 튀겨가며 빡빡 광을 내고
있다.
야성의 혈통을 질주하며 습지를 지배하던 동물왕국의
포식자,
끈적끈적하고 딱딱한 계보의 가죽이 신데렐라의 유리
구두를 꿈꾸며,
산 넘고 물 건너 굽이굽이 대륙을 돌아 발자국 낙관이
된 것이다.
한 번도 명품 브랜드가 되어보지 못한 주인을 원망하겠
지만,
부부가 서로 닮아가듯 양복에 넥타이 화려한 외출 때에만
자신을 콜 한다는 사실 또한 잘 알고 있는 것이다.
굽을 세 번씩이나 갈면서까지 오랜 동행이 진행 중인

그는,

세상을 헛디디거나 구멍 난 보도블록 같은 삶의 허방이 있을 때,

서슴없이 궤도를 바꾸는 사르코수쿠스 적통인 밀림의 전사.

이른 아침 구두를 닦으며, 구두 속의 굴곡이

악어 껍질 같은 지문으로 얽힌 내 지난 발자국을 본다.

* 사르코수쿠스 : 일 억만 년 전 아프리카에 서식했다는 거대한 악어.

1급 비밀

경운기 트랙터 이앙기 깨끗이 씻고,
몰래몰래 감고 빗고 입고 바르고,
일 년에 한두 번인 도둑 나들이 간다.
하얀 양반네들 잘 다닌다는 읍내 슈 룸사롱
김 형, 이 형, 박 형, 비상금 털어 써리지침 간다.
설희, 춘희, 유희, 연애 적 마누라 같은
어시장 갈치마냥 은빛 몸을 야하게 흔들며,
"오빠야들, 멋지다"를 디스코 메들리로 간다.
양놈들만 마신다는 양주잔을 앗딸딸 돌리는데,
김 형, 이 형, 박 형, 목청 높은 개구리가 된다.
"황진이 나~를 두고 간다- 간다- 간다-"
개 짖듯이 부르고, 각설이처럼 흔들고,
빙글빙글 술잔 따라 목청도 가고,
눈꺼풀도 풀리고, 혓바닥도 꼬이는데,
마누라 전화가 빗발을 친다.
"오데요? 저녁 때가 늦었는데 밥 묵으러 안 오고."
쉿! 택시, 택~시! 밥 먹으러 간다.

선 주자

내 나이에 돌아가신 아버지는
흙칼만 쓱싹해도 예쁜 집을 만드는 미장美匠이었다.
맑은 날은 언제나 부재중이었던 아버지가
낮달이 불을 밝히면 골목길로 나타나셨다.
마중 나간 고사리손을
동맥이 튀어나온 거친 손이 덮칠 때마다
술에 취해 비틀거리는 줄만 알았다.
오직 육탄만으로 오남매를 방어하시다 훌훌 가신 아버지
바통 터치 같은 인생의 선 주자先走者
스물 일곱엔가 찍었다는 영정사진이
묵묵부답 미소로 훈계하신다.

대국산성大局山城*

대국산성을 아세요?
그 친구 지금 울고 있어요.
많이 아프데요

물조리 뿌리듯 빗방울 흩뿌린 비 개인 저물녘,
한 무리의 운우를 링거 마냥 걸고 누운 그는
375미터 대국산 정상을 지키는,
키 6미터 허리둘레 1.5킬로미터인 난쟁이다.
멀리 삼국시대 가까이 임진왜란,
커다란 망대로 적의 동정을 살피며
선대들의 삶터를 지키던 직업군인이었지.
장애우면 어떠랴, 후손들에게 사계절 변함없이
비바람, 눈보라, 천둥번개, 태풍도,
맑은 물, 맑은 공기, 산들바람, 실바람으로 뚝딱!
듬성듬성 베어나간 손과 발,
철탑에 박힌 허리디스크,

산사태로 헐어버린 아랫도리,
만신창이 되어도 한마디 원망 않고 변함없는
독야산천 도깨비 방망이인데,
지금 잡동사니 병동에서 신음하고 있어요.

대체 어쩌자고,
짓밟고, 깨부수고, 때리고, 할퀴니,
도대체 어쩌라고?

* 대국산성大局山城 : 경남 남해군 설천면 소재 석축 산성.

옷장을 정리하면서

흠 없이 근사한 외출복이 어디 없을까하여 아내 없는 옷장을 뒤적이니, 유통기한이 무한대인 용도폐기용 바지들이 줄줄이 걸어 나온다. 선물이, 디자인이, 브랜드가, 값이…… 가지가지 밝은 죄목의 바지들. 햇볕을 가리지 않게 조금만 비켜 주세요* 라고 말한 지혜의 대가로 장롱 속 어둡고 침침한 옥살이를 하다가 특별사면 하는 바지들, 인생 능선 허리쯤에서 폼 나게 빛났을 반바지도, 나팔바지도, 배꼽바지도. 어떤 이는 시대와 주인을 잘못 선택한 어리석음으로 굵어져버린 허리, 줄어든 길이, 펑퍼짐한 엉덩이로, 피부 가리개로써의 용도를 상실했다는 용불용설의 판례로, 쭉정이는 빼고 얼레미에 쳐서 선택된 자들의 경쟁에서 낙오된 일광욕을 즐기지 못하는 납의衲衣 신세가 되어. 세상에 이런 일이(울컥 설움 솟는) 주인공으로, 딸꾹질 같은 재활용품으로, 하늘 뒤란 습지쯤에서 구정물처럼 버려지는 젖은 빨래건조대가 된 것이다. 고백하면, 담뱃불에 화상을 입고 아내의 잔소리 구멍상표를 붙인,

이빨 깨진 사발 신분이 되어 어두운 시절 주인의 죄를 대신 짊어진 어느, 기우는 사직의 행랑채 같은 일천번제一天燔祭 제물로 희생되는 바지들.

* 디오게네스의 일화 인용.

한여름 밤의 꿈

차도를 이탈한 허구의 속도가 강남의 호텔프리마 로비에서 급브레이크 스위트룸을 찾다가, 해운대 그랜드호텔 오렌지실로 직진 체크인 목전에서 U턴, 정동진 이정표가 쌩쌩 비행하고, 태안 안면도에 착륙할 쯤 역겨운 뒤척임에 돌아눕는 순간 꽈당, 하늘 아래로 추락하는 7시 저녁뉴스시간, 리포터의 사건사고 헤드라인에 포착된 식은땀의 난폭자를 위치추적 검색,

오솔길을 서행으로 접어들었다. 함양 상림 숲, 봇짐의 중량과 실랑이를 벌이다가, 난폭자에 유배당한 이름 없는 산새들이 오대산 월정사 가는 길을 물어, 상원사 밑에 있다는 천기를 누설한 죄업에 삼천 배를 받아 다람쥐가 준비한 상수리를 저녁공양으로 들지 못하고, 천일 같은 하룻밤을 절한 후 아침공양은 큰스님이 해우소解憂所에 비운 영양탕 뻐다귀들이 고공농성 중인 타워,

주상복합 아니면 결식아동, 결단이 부재중인 리베이트 가방이 봉황의 은혜를 기다리며 마른커피를 마시고 있던, 원탁 위에서 푸른 눈의 천사가 집도를 하며, 늙은 점쟁이를 불러 하이에나의 간과 인간의 뇌를 봉합하는 수술을 모략하는 사이, 배부른 쥐들과 곰팡이들이 이쑤시개로 쓰던 화살과 회전의자였던 과녁을 탱탱하게 당기며 마루타 도면을 수술대에 올려놓고 칼질 중인 지하궁전,

과거가 미래를 초월한 현실을 여가로 즐기던 허구의 속도들이 시루떡처럼 겹겹이 쌓여 철옹성을 만들고, 사계절 개팔자가 되어 천 년 세월 뒹굴던 족보를 여전히 스마트폰에 저장하고, 산새들과 맞장을 떠보겠다고 감언과 이설을 봇짐에 숨긴 채 KTX에 탑승하여 차도를 비행하려는 난폭자들, 드르렁 드르렁 단꿈을 꾸다가 꽈당, 과거를 잃다가 미래를 잃다가 였구나! 었구나! 를 연신 흘리다가 깨어난,

대학병원 장례식장에는 스크린을 즐기던 낯익은 푸른 천사가 통곡하고, 뼈대 있는 가문의 뼈가 바스러지기를

수천 번, 환생한 돼지사료 포대를 둔중하게 실은 운구행렬을 따라 지상의 모든 새들이 지저귀며 뿌리는 분비물이 장대비가 되어 허구의 속도를 멈추자, 겨울나무에 비단 장식을 한 개구리들의 콘서트가 막을 열고 올빼미와 박쥐들이 삼중사중 모여 든 극장 안 무대 위에 여명이 사글세를 든다.

동행

배추 씨앗을 틔우려고
텃밭을 삽질하다가
세상으로 나온 갓난 지렁이
끊어진 탯줄이 나 뒹군다.

가만가만 씨앗과 함께
이부자리 덮어 재운다.

비바람 맞서 잎사귀 따라
무럭무럭 장성한 즈음,

고추 양파 마늘 버물어
한 시절 푹 삭힌
풍성한 만남으로
등 토닥이며 자장가를 부른다.

| 제4부 |

추모누리

6월 폭우

내 작은 나이테에는
세상이 컴컴해진 초가 처마에서
빗물이 떨어지는 속에 어머니가 울고 계신다.
내 어린 기압골에는
막노동 하시는 아버지가
쏟아지는 빗방울에 근심 가득 한숨을 쉬고 계신다.
오남매, 빗방울 같은 눈망울들을 키우려고
"하늘도 무심 하시지." 귀에 익히며
시를 쓸 나이가 되었다.
풍경소리처럼 맑게 내려와
제 몸을 부수어 세상을 씻는 줄도 모르고……
내 폭우 속에는
녹사綠蓑를 입고 일 나가시던 어머니가
마치 맞게 허리 굽어 계시고,
궂은 날 담배연기 같은 한숨을
쉬고 계시던 아버지는
구름 위만 날아다니는 새가 되었다.

6월 폭염

장대비마냥 사정없이 대머리를 쥐어박는 오후 2시의 폭염
능선 밭이랑 스프링쿨러가 뿜어대는 물소리는
흐느적흐느적 귓전에 와 둥지를 틀고,
폐농의 헛간 그림자 안에서는 보릿고개처럼 초췌한 멍멍이가
마의 30킬로미터 마라톤에 걸려 헐떡거린다.

흔들어 깨울 수 없는 미라의 과거처럼
바람난 여자는 한 줌의 바람도 가져오지 않고,
가마솥에 달군 물 논에서 두루미 부리 같은 손으로
어린모를 손질하는 촌로가 수제비 파장으로 한낮을 건넌다.

수억만 년 괘종시계 불알 같던 지구가 들쭉날쭉 붉어지고,
사계절 푸른 소나무의 기개가 초등학교 역사책으로 사라지던 날,

멀미처럼 중심을 잃은 지구가 내용물들을 토해내고 있다.

바람난 여자에게 고개 숙인 들풀 이파리
동구 밖 당산나무 똬리처럼 친친 감긴 시절이
안개이던가, 연기였던가, 희뿌연 흙먼지 위
문패 잃은 6월의 한낮이 노숙자처럼 누워있다.

젖은 폐가

그대의 짧은 생을 갈무리한다는 것은
또 다른 누군가의 생을 시작한다는 것이다.

단란한 생을 푸르게 피워 올렸을
세평의 공간에는
노숙 고양이 발자국을 따라
그대의 흔적들이 피어오른다.

기적소리 요란하게 흔들리던 그 날,
숨 막히게 눈물이 저려오던 그 날,
생의 이정표에 쓰러지던 그 날,

어둠은 호흡을 멎게 하고
바람은 밤새 새소리를 몰아와
미명 속 먼동을 틔웠다.

빗물이 구슬피 우는 날에는
삶과 죽음을 맞잡고
그대와 영원한 호흡을 하리.

이곳은 지금

아내의 얼굴에 핀 주근깨 같은 낱별들이
졸음운전 중인 이곳,
먹물처럼 시야가 없는 몸뚱이가 제각기 유영하는 이곳,

천년의 이웃들이 담쟁이넝쿨처럼 들락거리던 그곳,
숟가락들의 재잘거림은 어디로 갔을까.

곰솔의 겨드랑에 붙은 자장개비 같은 아내는
오늘의 내일과 그 내일의 내일 걱정을 쏟아내고,
허재비 같은 한숨을 울음을 쉰 허리춤에 담는다.
중년의 가장은 빈 소주병에 구겨진 家計를 밀어 넣고
툇마루에 기대 새벽별을 핥고 있다.

사라진다는 것에게 묻는다.
그대는 영원할 것인가.
산다는 것에게 묻는다.

그대는 영원할 것인가.
기둥이 쓰러진 이곳에는
마음도, 가정도, 나라도 제각기 허우적거린다.

"삶과 죽음이 자연의 한 조각 아닌가."

문드러진 대들보 그의 상처 위로
돋아라, 솟아라.
솟아라, 돋아라.
아침 햇살이여!

장평소류지*

간지러운 것이
치맛자락 살랑살랑 흔드는 것이
노오란 가슴으로 절여온다.

출렁이는 오르가즘
수많은 셋트들이
황홀한 풍경을 가두는 중이다.

시간과 세상을 멈추고
먼먼 훗날의 더 먼 저편에서
아랫도리 빵빵하게,

소류지 둑방
벚나무 그늘에 앉아
삐비 뽑던 첫사랑과 눈을 맞추고,

만발한 유채꽃
편안한 곁
바람 난 남녘은 열애 중이다.

* 경남 남해군 이동면 소재.

피서

三伏이 훌쩍 지난 휴일 낮
사람들이 헝클어버린 지구에
삼복보다 더 달아오른 복이 터졌습니다.

엄마 품에서 깨어난 아기가
걸음마를 위해 인산인해가 없는
오솔길로 떠납니다.
미로의 지구를 두고
卒의 숨소리까지 가져갑니다.

낮은 음의 바람에 심장을 얹고
다람쥐 알밤 채워가듯 오솔길을 걷습니다.
앞서 간 사람들의 기억으로
뒷사람들의 길라잡이 되어
오솔길을 개척합니다.

목욕을 끝낸 오솔길이
연두빛 화장으로 유혹합니다.
산새들이 춤추며 화음을 더합니다.
아랫도리가 온통 초록으로 젖어내립니다.
마침내 나 홀로 피서가 시작됩니다.

동구 밖 그 아이

눈망울 초롱초롱 빛나던 봄날
새벽이 부스스 일어날 때
이웃 뚱보아줌마 주걱 든 손 앞세우고,
"미친년아! 차라리 날 죽여라."
밥풀 같은 침 동네방네 튀기며
고래고함 딸아이 꽁무니 따라다녔지.

골목길 냅다 집어던진 채 엉엉대던
갓 핀 젖멍울만큼이나 앓아오던
나를 보면 히죽히죽 잘도 웃어대던
그 아이,
비갠 날 동구 밖 풍경이었다.

세월을 키워갈수록
기억의 한복판으로 쿵쿵 올라서는
눅눅히 구겨진 책갈피 뒤적일 적마다,

젊은 날 가슴으로 불쑥불쑥 튀어나오는
동공 밖 넋 빠진 풍경 비웃던
그 아이.

밤마다 소름 푸르게 돋는 가슴팍
낮이면 한없이 빨려 들어만 가는
질퍽거리는 늪,
'미친 세상! 차라리 날 죽여라.'

낙엽이 마라톤을 하네

화장장 가는 산길로
20세기산 영구차 뒤를 낙엽이 무리를 지어 마라톤을 하고,
그 뒤를 21세기산 소나타가 눈물을 흘리며 달린다.
중도코스로 하늘에서 끼어든 낙엽은
가벼운 몸으로 달리는 나무에게 창밖을 훌훌 벗어주고 있다.
어디까지 달리는 것인가.
저들의 종착역은 어디인가.
저들의 종착지는 있기나 한 것인가.
흙의 반환코스를 돌아 나무의 혈관을 타고 오른 푸른 이파리,
할머니 낙엽처럼 가시던 날 할머니는 오신다고 말씀하셨어.
어리둥절했었지.
그해 쿵이가 왔었어. 이듬해 伏날 어디론가 떠났지만,

낙엽을 밟으며 색시가 왔었지, 대자연처럼
마라톤의 끝은 없는 거야.
이별도 만남도 없는 거야.
지난밤 장례식장에서 동료직원의 영정사진을 만났을 때
하염없이 울었어.
그는 여전히 웃고 있는데,
괜히 쓸데없이 울었어. 지금도 울고 있어.

인연

벚나무 가로수가 알몸으로
몸살 중인 小寒.
영구차가 南海大橋 위로
세상과 세상을 渡江하고 있다.

슬픈 갈매기
억겁의 인연 따라 횡렬로 날 때
찡한 주름눈물 차창 안을 훔치며
흔적 하나 스쳐간다.

유자

노란 공화국 처녀들
초경 향기 피우면서
알 박기 당구공처럼
흐드러지게 달렸네.

저년들 좀 봐!
말벌 침을 숨기고
가을 나그네 흔들어
겨울나기 하려고
치맛자락 떨구네.

지 년들 키우려고
봄부터 허리 부러진
쓰디쓴 아비 속도 모르고,
몽글몽글 배앓이 한
시디신 어미 속도 모르고,
뭇 사내 군침 달구네.

나는 나를 그린다

당신의 실타래
잔잔히 잔잔히
풀어지는 바다.
안개비가 산을 허물고
하늘로 펼쳐지는 화폭.

빗물 같은 눈동자
가슴 적시는 추억
내리는 심장 소리
나는 나를 그린다.

호 호 안개 불어 와
얼굴을 지우고
가슴을 지우고
손발을 지운다.

잔잔한 바다 위에
파문이 인다.
방울방울 떨어지는
당신의 그림자
허 허 번지는 화폭.

詩作

처녀자리에서 왔어요.
모이를 주세요.
무럭무럭 자라고 싶어요.
은하계 병아리가 아니에요.
치마폭에 선혈이 낭자해요.
입술에 매니큐어도 발랐다구요.
어머니처럼 알을 낳고 싶어요.
제발, 알을 낳고 싶어요.
무인도는 싫어요.
무정란은 더욱 싫어요.
몸속에서 붉은 피가 솟아올라요.
커다란 진통도 마다하지 않아요.
모이에게 밤새워 구애를 했어요.
죽음만한 산고를 가지고 싶어요.
알을 낳고 싶어요.
제발, 알을 낳고 싶어요.

무인도는 싫어요.
무정란은 더더욱 싫어요.
출산의 전율을 만끽하고 싶어요.

미니사우리푸스*

아기공룡 둘리의 보물섬 걸음마를
암반들이 반들반들 기록한 남해안 가인리*
백악기 거대한 알로사우루스 공룡의 아기들이
일억 년 전에 놀았다는 아프리카대륙 유아원.
일렁거리는 파도 속 아득한 재잘거림으로
파도의 틈새를 관통하며 아장아장 새겨온
네가 알려고 하지 않았던 사막 같은 미래가,
나를 휘젓고 다닌 역사의 먼지들로 퇴적한,
미물들의 상처도 새겨지는 흔적인데
떠가는 구름의 발자국만 보아도
소스라쳐 놀라는 낮은 포복의 들풀들,
이름 없는 발자국을 새긴 풀잎의 묘비들이
무성하게 우거진 바래길*에서
굴곡으로 이어지는 역사를 본다.
산다는 것, 설악계곡 안개처럼 사라지는
강화 석모도의 저무는 낙조처럼,

그러나 또다시 새겨지는,
아메바의 원형질 같이 끈끈한
인생에 작은 발자국 하나쯤 남겼으면.

* 작은 공룡발자국.
* 경남 남해군 창선면 가인리 해안.
* 경남 남해군 보물섬 도보여행길.

낮달

은하수 건너 산골에는 오두막 하나 달빛 줄에 걸려 있다지요.

겨드랑이 앙상한 암소 품에서 송아지가 새벽별을 핥고 있다면서요.

수박 참외 팔러가는 달구지가 어머니를 싣고
가파른 산길을 넘어 새벽 장을 가는 길은 은하길이라지요.
은하수 건너편 산골에는 원두막을 지키는 허수아비
별빛 결에 살랑살랑 참새들을 쫓고 있다면서요.

바스락 바스락 참새들이 숨바꼭질하는 억새밭과
우수수 떨어지는 낙엽에 놀라 오줌 누러 못가는 뒤란이 있는,
은하수 건너 오두막에는 오누이가 날마다 별들을 세고 있다면서요.
오누이의 눈동자에 젖은 졸음처럼 기다림에 지친 단잠에는

새벽장을 가신 어머니가
으슴푸레 마중 나온 낮달처럼 산등성에 걸려 있다지요.

수박 같은 달이 돛을 올려 밤하늘로 출항하면
은하수 반짝반짝 징검돌을 놓아 어머니의 늦은 귀가를
돕는다지요.
북두칠성은 어머니의 굽은 허리에서 신음하고
꼬르륵 떨어진 별똥별이 대추나무 가지에 앉아
어머니 등 토닥이는 장단에 맞혀 자장가를 부르면
오누이의 기다림은 잠들기 시작하는 것이지요.

쏙[*] 잡는 아내

지난겨울 밤마다 家計를 울리더니
세월의 과녁을 관통한 오월이
솔솔바람을 타고 바다를 건너오고 있다.
삶의 무게가 안개처럼 날아가는 오월의 바다
자전거를 탄 아내가 파도소리를 매달고 선창을 달린다.

밤새워 낙지잡이에 곤히 잠든 배들의 잠꼬대 소리도,
도란도란 용궁 속 전설을 물고 나오는 소라의 꿈도,
아내의 품에 든 그들의 봉양마저도 귀 밝은 바다는 안다.
허리 무릎 다리 전신을 끙끙대다 새벽녘 단잠에
아내는 또 그들과 재잘거린다.

군대를 마치고 취직한 큰 놈도, 대학을 다니는 작은 놈도,
그들의 재잘거림과 함께 자랐다.

아내의 바구니에 넘치는 노을빛 행복
언젠가 제 품으로 돌아올 것이라는 갯벌 속 그들이
베푸는 공양을 아내는 알고 있는 것일까.
아니, 바다는 아내의 전생을 읽고 있는 것이다.

하늘과 바다를 이은 수평선을 저울질 하는 그들.

썰물 지나간 민 바다에
아내의 가슴이 부풀어 홍건하다.

* 바다가재.

바람개비

우리 할머니 고부랑 부지깽이로 죽은 불씨 다독거리며
어두운 詩를 왜 쓰느냐고 고래고래 나무라는 바람에
슬픈 문자들이 우두둑 떨어지던 시절에,
가을운동회 만국기 아래에도
등하교 자갈밭 코스모스 길에도
바람은 지구를 수 바퀴나 돌아 앞산 등성에 있었습니다.

해풍이 쏟아지는 갈대밭에도
갯벌 아낙들 하얀 허벅살에도
바람은 덕지덕지 붙어 가슴으로 올랐습니다.
언론에 들락거리는 시인의 시집을 읽으며
“아리송해”를 엇박자로 흥얼거리던 날에도
흔적 없고 냄새 없는 바람에 눈동자 빙빙 돌았습니다.

노랑머리 아가씨가 유혹하는 바람에
낯선 기호들이 몰려들며 떨어지는 환율과

폭염처럼 올라가는 물가에도 바람은 존재할까요.

찜질방 같은 촛불들이 서울광장에서 해안 포구까지
넷을 타고 피서를 오는 날은,

바람개비의 추억이 너무나 그립습니다.

추모누리(무소유)

세상에 태어나지 못한 말의 끄트머리를 머금은
입술이 복어처럼 부풀어 오른 계집아이
보푸라기 뿌리마다 쪽빛 바다가 물씬 묻어 있었다.
감지 못한 눈망울이 무지개 빛깔을 튜브에 싣고
출렁거리던 숨소리를 하얀 갈매기가 낚아채고,
하늘에 동심원을 그리며 비행하고 있었다.
어미 가슴에 비린 젖내가 분수처럼 터져 올라
쏟아놓은 백사장 모래알이 채 식기도 전에,
자궁 사이로 잠망경 같은 창문이 열리고
발자국 끝으로 계집아이 부르던 동요소리 멈추었다.
물장구치던 아이들 제각기 어미품에 들고
혼자 잠들은 계집아이,
하늘도 무심히 땅거미에 눈물 뿌린 어스름
산자와 죽은 자가 뒤섞인 정거장에
한 무리의 울음이 떠난 후,
울대를 세운 말의 끄트머리들이 어둠으로 튀어나와

1억— 됐니? 2억— 됐다. 억억거리며

계집아이 입술을 홍정하고 있었다.

복날 풍경

하늘을 가르며 기압골 등선을 따라 날아가는
재두루미 배설물 그림자가
햇살 박힌 골목으로 지글지글 걸어 나오는 한낮,
마을 농산물 공동작업장이 뙤약볕처럼 웅성거린다.
조상님 뒤주만 안고 울타리를 넘어
고구마 넝쿨처럼 묵전을 빠져나온 사람들
바람 같은 소 방울소리 찾아가고 있다.

주름 같은 다랑이들 굴려온 돌에 지쳐 들숨날숨
동네 어귀를 가파르게 오르내리고,
하늘이 털구름을 찢어 홑이불을 만들어 바다를 끓인다.
두루마리 휴지의 널브러진 꼬리처럼
흔들리는 사람들
앞산 계곡에 숨어있는 바람만 부른다.

풍뎅이가 하늘에 가리마를 치던 연못에서

자맥질하던 추억들은 동구 밖 정자나무 내력만큼 낡아
모시적삼 부채질에 한숨소리 가득하다.
農歷으로 내려오는 복날의 찜통은 길조라고
바람 앞에 등불 같은 농심
실타래에 묶인 명태처럼 삼복을 친친 감고 있다.

|해설|

자성自性의 분기점分岐點들—'지천명知天命' 시인의 초상肖像
—박정규 시의 존재상

백인덕 | 시인

폭풍우를 내장처럼 휘감고
摩何 선적으로 좌초 중인
절간 마당 모래알 같은,
대웅전 돌계단 이끼 같은,
해우소에 쌓인 퇴적물 같은,

覺悟 향한 간절한 기도.

—「용문사에서」

1.

추상적 개념으로서의 '시poetry'는 사유할 수는 있지만 감상感賞할 수는 없다. 마찬가지로 실제 시인(경험적 자아)은 만나 어울릴 수는 있지만 시적으로 체험되지는 않는다. 왜냐하면 시인은 직접적으로 자기 시의 주인이 되는 것이 아니라, 허구적이고 극적으로만 주인 행세를 할 수 있기 때문이다. 비록 하나의 작품이 '일인칭 화자'의 '현실적 고백'처럼 들린다 할지라도 사실 그 '화자'는 '설정된 자아'에 지나지 않는다. 물론, 이것이 언어로는 결코 현실을 재현할 수 없다는 이론을 되풀이 하고 있는 것은 아니다. 단지 '시적 화자'는 하나의 '탈'에 지나지 않는다는 전통적인 관점을 상기하고자 할 뿐이다. 그것을 우리가 '탈' 또는 '가면'이라고 지칭하면 '시적 화자'에 대한 이해에서 우리는 보다 다양한 관점을 취할 수 있다. 아니다, 한 시집에서 만나게 되는 화자의 다양한 태도와 어조를 보다 쉽게 이해할 수 있게 된다. 물론 그것은 한 시인의 시 세계의 다양성을 이해하게 된다는 말과도 같다.

박정규 시인의 두 번째 시집 『검은 땅을 꿈꾸다』를 읽으면서 내내 '화자', 그러니까 '퍼소나 이론'을 생각했다. 그리고 시집의 해석틀로 융의 주장을 적용해 보는 것도 한 방편이 될 수 있다는 결론에 도달했다. 주지의 사실이지만, 융은 프로이트와 결별한 이후, 독특한 정신구조를 이론화했다. 요약하면, 인간의 정신구조는 선線적인 것이 아니라 오히려 원圓적 시각상을 가졌다고 본다. 그에 따르면, 양궁의 과녁처럼 여러 개의 원이 있는데 탈, 자아, 영혼, 그림자 등이 순차적으로 들어 있다. 이는 외부(세계)에서 오는 영향(자극)과 내부(무의식)에서 발생하는 영향(불안)에 대해 '자아'가 보다 적극적으로 대응하기 위해 취하는 전략 때문에 생겨났다는 것이다. 이 관점의 장점은 '화자'의 '태도와 어조'를 단순히 외적 현실에 대한 자아의 반응으로만 환원하는 결정론을 보완할 수 있다는 점이다. 보다 자세한 내용은 박정규의 작품들과 더불어 생각하기로 한다.

2.

일반적으로 '외부/내면', '현실/이상', '생활/시작'과 같은 이분법적 대비가 우리의 이해를 용이하게 하는 측면이 있다. 하지만 그러한 편리함은 한 시인이 하나의 대상에 대해 두 가지 태도를 취하면 쉽사리 사라진다.

당신의 실타래
잔잔히 잔잔히
풀어지는 바다.
안개비가 산을 허물고
하늘로 펼쳐지는 화폭.

빗물 같은 눈동자
가슴 적시는 추억
내리는 심장 소리
나는 나를 그린다.

호 호 안개 불어 와
얼굴을 지우고
가슴을 지우고
손발을 지운다.

잔잔한 바다 위에
파문이 인다.
방울방울 떨어지는
당신의 그림자
허 허 번지는 화폭.

—「나는 나를 그린다」 전문

죽음만한 산고를 가지고 싶어요.
알을 낳고 싶어요.
제발, 알을 낳고 싶어요.
무인도는 싫어요.
무정란은 더더욱 싫어요.
출산의 전율을 만끽하고 싶어요.

—「시작」 부분

위 두 작품은 '자아'를 '형상화'하고 싶다는 의도의 측면에서 동일하다. 차이라면 '타자(당신)'의 개입여부, '무의지/의지'의 대비, '수동성/능동성' 등을 들 수 있다. 같은 점보다 다른 점이 더 많은 데 어떻게 한 선상에 놓고 이해를 구할 수 있는가 하는 의문이 생긴다. 우선 제목을 보면, '그린다'와 '作'이라는 행위에 초점이 맞춰져있음을 알 수 있다. '자화상'이나 '시'가 아닌 것이다. 이 작품을 굳이 시인의 '양가적 태도'라고 편리하게 언급하지 않는다면, 새로운 해석틀을 찾아 볼 필요가 있다. 그 작업은 결국, 동일성에 차이점을 기입하는 것으로부터 가능해진다. "죽음만한 산고"에서 "출산의 전율"을 느끼며 낳는 '알'이란 내가 그린 '나'인데, 거기에는 '당신의 그림자'만이 번지게 된다. 이 부분을 다시 요약하면, "내 '시'는 당신의 '그림자' 위에 쓰여 질 뿐이다"라는 명제가 될 것이다. 그럼 '당신'은 누구일까? 첫 시집에서 시인은 자신의 첫 사랑이 "하얀 어머니"(「하얀 고무신」)라고 밝힌 바 있다. 만 8년의 시간이 지났어도 여전하다면, 이쯤에서 근원적 정서 또는 상징으로서 '어머니'의 정체를 탐색하는 것으로 글의 방향을 바꿔야 할 것이다. 그러나 그렇게 하면, 이번 시집에 등장하는 많은 '동행'들이 '어머니'의 정서적 대체거나 계열체로 종속되어 그 참 가치를 찾아낼 수 없게 되어버린다. 바로 이 점이 필자가, 시인의 '양가적 태도'라거나 '근원 서정으로의 회귀'와 같은 시각을 취하지 못한 이유다.

3.

삶은 늘 고달프다. 현실적인 생활의 측면만 그런 것이 아니다. 정신적인, 아니 심리적 측면에서도 충분히 힘들고 난감하다. 그래서 가끔은 '죽음'을 생각하기도 한다. 시인도 "아!/능선과 구름/삶과 무덤/물 한 모금/땀 한 방울//인생은 사이ㅅ."(「결두리」)이라고 허망해하기도 하고, "삶과 죽음이 자연의 한 조각 아닌가."(「이곳은 지금」)라고 탄식하기도 한다. 1의 내용을 보충하자면, '자아'는 내적 불안과 외적 영향으로부터 자신의 정체성을 지키고자 상황에 맞는 '탈(가면)'을 바꿔 쓴다. 이때 명심해야 할 것은 '불안/영향'이 때로 원인과 결과처럼 작용한다는 사실이다. 외적 자극이 내면의 불안을 일깨우기도 하고, 불안이 보다 적극적으로 외적 현실을 직시하게 만들기도 한다. 이 이중의 압력이 가해질 때 '자아'는 '탈' 쓰기는 심각한 갈등 상황에 놓이게 된다. 박정규의 경우에는 우선적으로 "외할머니-어머니-아내"로 이어지는 '모성적 상황'이 이러한 갈등을 촉발한다.

너무 아리다는 가슴을
밤새 보채다가,
새벽이 일어나기 전
허둥지둥 차가운 날품을 간다.

간밤 핸드폰을 울린 아들놈은
또, 얼마나
단칸방 도시를 보채고 있을까.

무능한 하루가
미이라처럼 시리다.

—「모정·2」 전문

고운 어머니 그렇게 우리들의 유년을 시작하였다.
살과 뼈를 아침마다 부뚜막에 살라 밥상을 만드시던
어머니.
지금은 老松의 자장개비처럼 앙상하게 타버린 모습으로
"애미야 ! 맘마 줘."
우리들의 유년과 맞바꾸고 있다.

—「어머니·1」 부분

과거와 현재는 '공존'하지 않지만 '연속'된다. 시적 화자는 현실에서 '미이라'와 같은 존재다. 도회 아들의 전화를 받고 시린 가슴으로 밤새 뒤척이다 날품을 팔러 나가는 아내를 그저 지켜보아야 하기 때문이다. 그 동시에 '화자'는 자신에게 베풀어진 '모정'을 생각한다. "살과 뼈를 아침마다 부뚜막에 살라" 자식에게 베푸는 것이 바로 '모정'이라고. 이 처연하게 아름다운 이야기 속에서도 '자아'는 분별의 전략을 취한다. '모정'과 '어머니'는 언어적 표현만이 아니라 그 실제에 있어서도 동일하지 않다. 등식이 성립하지 않는다. 굳이 사례를 언급할 필요조차 없을 것이다. 이러한 작품에서 우리는 '자아'가 쓴 '미이라'라는 탈의 전략을 생각해볼 필요가 있다. 자연적 조건이 맞아 생성된 것이 아니라면, '미이라'는 인위적으로 만들어진다. 이 하나의 '시어'가 이번 시집에서 함축하는 의미는 상상 이상으로 크게 보인다.

다음으로 '(외)할아버지-아버지-아들'로 이어지는 '부성적 축'이 '탈 바꿔쓰기'의 갈등을 유발하는 요인이 된다. 이번 시집에서는 '아버지와 아들/나'라는 대립축을 형성함으로써 '나(자아)'의 '자성'을 촉진하는 계기가 된다고 보여진다.

> 내 나이에 돌아가신 아버지는
> 흙칼만 쓱싹해도 예쁜 집을 만드는 미장美匠이었다.
> 맑은 날은 언제나 부재중이었던 아버지가
> 낮달이 불을 밝히면 골목길로 나타나셨다.
> 마중 나간 고사리 손을
> 동맥이 튀어나온 거친 손이 덮칠 때마다
> 술에 취해 비틀거리는 줄만 알았다.

오직 육탄만으로 오남매를 방어하시다 훌훌 가신 아버지
바통 터치 같은 인생의 선 주자先走者
스물 일곱엔가 찍었다는 영정사진이
묵묵부답 미소로 훈계하신다.

—「선 주자」 전문

가는 길이 그리 멀지 않았는데

모기 목숨처럼 위태로운 여름밤,
외할아버지 아버지 모셔 놓고
휘파람 울어대는 묘비에서
백 년쯤 털고 싶은 그리움의 무게.

—「외할아버지 제삿날」 부분

비록 '대립'이라는 말을 썼지만, 이 두 작품에서 보이는 화자의 태도와 어조는 동일시, 또는 라깡식으로 '자아 이상화'에 가깝다. "미소로 훈계"하는 존재와 "백 년쯤 털고 싶은 그리움의 무게"를 지니고 생을 지나가고 있는 존재는 기억 이전에 서로의 '심정心情' 속에 살아있기 때문이다. 그래서 시인은 "간밤 핸드폰을 울린 아들놈은/또, 얼마나/단칸방 도시를 보채고 있을까."라고 무던한 걱정을 할 수 있는 것이다. 이 두 층위는 '자아'에게 갈등을 유발하지만, '자아'는 '탈'의 전략으로 이를 극복한다.

할아버지 긴 수염은 새털구름처럼 휘날리고
젊은 날 엄한 아버님은 인자하게 웃고 계시고
할머니의 뽀얀 피부는 밝게 앉아 계신다.
어머니의 늙음도 어느새 젊게 피어오르고
아, 이 얼마나 평온한 족보族譜인가.

잠자리에 들어 세상을 놓고 가만히 생각해보면
여름날 바닷가에 피서 온 듯 시원한 바람이 온다.
물장구치는 형제자매가 마치 구름 위 선녀 같아
모래성 소꿉놀이 자식들은 어쩜 저렇게 고울까.
아, 이 얼마나 아름다운 가계家系인가.

—「세상을 놓아 보면」 부분

시인은 "오늘도 나는 똥으로 시를 쓴다./기필코, 방앗간을 지나쳐야지./공염불만 외치는 땡중의 시를 쓴다"(「쇠똥구리」)고 '자성'한다. 그러나 그 "똥으로 시를" 쓰는 '세상을 놓아 보면' 시인의 '족보'와 '가계'는 얼마든지 평온하고 아름답다. 이것이 기억이 주는 힘이다. "간밤 핸드폰을 울린 아들놈"이 시인(시적 자아)에게 가한 자극(무능함에 대한 각성)이 무의식적으로 내면에 잠재해 있던 시인의 기억을 일깨운다. 비록 "땡중의 시"를 쓰고는 있지만, 그는 "평온한 족보族譜"와 "아름다운 가계家系"의 연결고리이다. 그러므로 시인이 자신을 '미이라처럼' 느끼게 되는 것은 내면에서 비롯하지 않는다. 일반화해서 '자아'가 '탈'을 바꾸게 되는 원인을 '외적/내적 상황'으로 이분했지만, 이 구조의 '동인動因'은 범주화하기 버거울 정도로 다양하다. 이를 크게 두 갈래로 "언제나 외길이었다"(「칠전팔기」)고 시인이 격하게 토로하는 '부정否定' 계열과 "서로의 눈동자 속에 피지 못할 꽃만 그렸듯/ 환청 같은 여인의 숨소리/호야등 등피 되어 마음속을 밝힌다."(「7월이 오면」)고 속삭이는 '긍정肯定'의 계열로 나눠 살펴보기로 한다.

시인에게 있어 '부정의 정신'이란 고착固着된 현실을 '위기화'하는 데 그 목적이 있다. 더불어 시인이 '시적 화자'를 전면에 내세우는 이유는 '경험적 자아(실제 시인)'의 개성이 시의 표면에 드러나는 것을 얼마쯤은 회피하기 위해서다. 그러므로 이 '부정의 정신'은 기본적으로 '사랑'을 정서적 바탕에 깔고 나타난다. 이번 시집의 경우에는, 「구름의 아들」, 「쥐똥고추」, 「분이 씨」, 「마리」 등이 이에 속한다.

이파리마다에 지구촌이니 세계화니 다문화니 다먹거리를 달고,
혼혈이 된 그가 하늘을 탱탱하게 당기고 있는 힘은
미국산 쇠고기와 수입농산물로 밑거름을 하였기 때문이다.

우리의 터주신, 성주신, 조왕신들은 텃밭의 이랑과 고랑 사이에서
지구의를 탓하며 삼복이 지나가기만을 기다리는 사이
이웃 김씨 아저씨의 어깻죽지가 와르르 무너진다

—「쥐똥고추」 부분

이 "공감의 시대"에 '분노'만큼 전염성이 강하고, 결집력이 강한 '가면'은 어디에도 없을 것이다. 그러나 시인은 '쥐똥고추'라는 놈의 실체를 담담하게 보고하는 냉철한 '자아'의 위상을 취함으로써, 이 작품이 최소한 '시'로서 기능하게 한다.

세상 속으로 머리를 묻고 하늘을 향하여

바른손 왼손 다 뻗어 잎을 매달고 꽃을 피우고,
열매를 맺어 어김없이 세상 속으로 되돌리는
저어 무심한 자명목이여!
당신을 나의 신으로 모시기 위해
그대 가까이 다가가 대가리를 처박나이다.
무거운 세상 이고 서니 하늘이 티끌처럼 가볍고,
밤새 뒤척이던 머리 하얗게 자라나
하늘이 무심한 것이 아니라 땅이 무심하다는 것을
깨닫는 순간, 읍소오!
두 발 들어 거시기를 받치오니
무거운 이 몸을 부디 용서하소서.

—「물구나무를 서고 싶을 때가 있다」 전문

반면에 시에 있어서 '긍정의 정신'이란 현상의 이면에 감춰져 있는 '원리原理'를 폭로하는 역할을 한다. 시인은 '물구나무 서기'를 통해, "하늘이 무심한 것이 아니라 땅이 무심하다는 것을 깨닫"는다. 그렇지 않은가? 하늘은 인간의 힘으로 변용할 수 없지만, 이 땅을 이렇게 일그러뜨린 존재는 '인간'이 아닌가? 나는 아니고 당신만인가, 그러나 어쩔 것인가? "남들은 우리들 자신인 것을." 이처럼 박정규의 '시적 화자'는 더 다양한 '탈'을 바꿔쓰는 전략을 통해 더 울림이 큰 '소리(시)'를 빚어내고 있다.

4.

박정규 시인의 『검은 땅을 꿈꾸다』에서 정말 읽어내고 싶었던 것은 무엇일까? 그것은 시인이 드디어(어쩔 수 없이) '지천명'에 다다랐고, 그 사실이 시인의 작품에 어떤 영향을 미쳤는가 하는 점이다. 다시 말해 시인의 '초상肖像'이 어떻게 변했는가가 몹시 궁금했다. 시인에게서 '삶과 시'를 분리하기 어렵기 때문에 '생활의 변화'를 읽어내지 못할 바에는 '시적 현실의 변모'를 읽어내자는 것이 은밀한 바람이었다.

병원 복도에서
오랫동안 잊었던
친구를 만났다.
서로가 손인사를 했지만
도무지 이름이 떠오르지 않았다.
긴 세월 힘겹게 건너온 탓인지
마른 고추 같은 얼굴이
가을 이슬처럼 서려있었다.

잡은 손 얼결에 놓고
내려오는 엘리베이터 안,
작은 거울 속에
마른 대추 같은 얼굴
하나가
한겨울 서릿발처럼
서려있지 않은가.

—「자화상」 전문

시인은 '지천명'에 이르렀다. 분명히 이것은 '자연'이다. 그러나 이 '자연'을 이해하고 받아들이는 마음가짐과 자세는 '개인'의 몫이다. 이름을 잊어버린, 그러므로 나에게는 죽은 것이나 진배없는 "마른 고추 같은 얼굴"의 친구와 "마른 대추 같은 얼굴"을 내가 '의식' 속에 겹쳐오는 것, 어쩌면 그것이 '지천명'에 이른 진정한 '시인의 초상'일지도 모른다. 시란 결국 '나'와 '타자' 사이에서 쓰이고 읽히는 것이 아니라, '나/타자'가 함께 "희나리 꽃불이 되어 밤하늘 환히 박"(「동창회」)히는 것이기 때문이다.